Schöne neue Welt der Tiere

Mehr als ein
halbes Hundert neuer Arten
nach den letzten Mutationen
beobachtet und beschrieben
von Dr. rer. nat.

WALTER E. RICHARTZ

mit neun
neuen Tierbildern von
Tatjana Hauptmann

Haffmans Verlag

1.–3. Tausend, Herbst 1987

Satz: Benziger, Einsiedeln
Filme: Höhn, Oberhasli
Herstellung: Mühlberger, Augsburg
ISBN 3 251 00107 8

Inhaltsverzeichnis

. . . . *1. Die Yoghurtschnecke* . . . .

Daß der Yoghurt aus Einzellern bestand, die sich am Ende genauso organisieren können wie andere Einzeller auch, das hatten die Brüsseler Verwalter des Yoghurtberges nicht bedacht. So taten sich ca. 1000 Stück Lüne-Yoghurt zu den Fühlern und mehrere tausend Yoghurt der Marke Gervais zu der übrigen feuchtpickeligen Außenhaut zusammen, ein beträchtlicher Vorrat Moha-Yoghurt mit überschrittenem Haltbarkeitsdatum hatte sich zum Innenleib verbunden und entsprechend spezialisiert; etwa 2000 Einheiten der Marke Schwälbchen schließlich fanden sich gemeinsam in der Schleimsohle wieder, auf welcher das Tier nunmehr das Lagerhaus verließ und am Brüsseler Rathaus vorbei Richtung Lüttich rutschte. Passanten hielten es für eine Lawine und alarmierten den Schneeräumdienst, woran man wieder sieht, wie sehr der zivilisierte Mensch der Natur entfremdet ist.

Denn es war August, Hochsommer, Bade- und Himbeerenzeit – aber was heißt das schon heute, wo immer alles möglich ist . . .

Die Yoghurtschnecke, in der ungewohnten Wärme, bekam einen Riesenappetit. In Flandern gibt's große Kuhherden, die schmeckten ihr schon, außerdem fraß sie ein Fernsehteam und eine beträchtliche Anzahl Engländer, die, des Festlandes überdrüssig, blindlings auf Ostende zufuhren; vor allem aber hatte sie einen Jieper auf Gesundheitsapostel; auf dem Weg zur deutschen Grenze schlabberte sie 618 von ihnen auf, die im Unterholz und an den Wegrändern Früchte sammelten. Die Abendzeitungen hatten die Yoghurtschnecke dick in den Schlagzeilen, während die seriöseren Tageszeitungen, z.B. der ›Bonner Generalanzeiger‹, sie als eine »Ente« bezeichneten, eine Ausgeburt des Hochsommers. »Ente, Ente«, schnaufte die Schnecke verärgert, »denen werde ich ihre Ente zeigen.« Aber dann beruhigte sie sich wieder. »Die Hunde kläffen, die Karawane zieht weiter«, murmelte sie und zog weiter, wobei sie verächtlich eine größere Menge Schleim absonderte. Der Rhein wurde so dick, daß er zu fließen aufhörte.

Bah, dieser Elefant, wie dick er ist, sagte die Tigerin, und die Füchsin sprach von einer Affenschande. Daß der sich nicht schämt, dieser Fettsack, zischte das Krokodil, das auch schon lange eine Elefantenlederhandtasche haben wollte. Wahrscheinlich, sagte die Schlange, lasse er sich jeden Abend mit Bier vollaufen, treibe keinerlei Gymnastik und zeige auch kein soziales Verantwortungsgefühl. Bei jeder Gelegenheit tratschten sie über den Elefanten herum, über seine Aufgeblasenheit und Naschhaftigkeit. Er fange ja schon morgens mit »Mon Jarry« an und höre spätabends mit »Afterbeckett« auf.

In ihrem Geschwätz war System. Sie dachten, sie könnten den Elefanten mit dieser Ehrabschneiderei kleinkriegen. Als dann die Kaufhausdekorateure beim nächsten Auslagenwechsel das Ventil aufmachten und das Tier zum Schrumpeln brachten, war die Enttäuschung groß. Es gab Krokodilstränen.

Wenn ich ins Bad gehe, brauch ich nur die Käfige aufzumachen, und schon schwänzeln, wieseln, tapsen sie um mich herum; sie begeben sich an den Arbeitsort. Zwei kleine Hündchen lecken mir die Füße ab, zwei Kätzchen sind auf die Handteller gesprungen und reinigen diese. Ein etwas struppiger Colabär poliert alle meine Längsflächen, er rotiert an mir entlang wie eine Autowaschwalze – die Antenne habe ich eingezogen. Schwerer zugängliche Stellen zwischen den Beinen wienert eine schwarz-grün gesprenkelte Schlange. Leider weiß ich nichts Genaueres über ihre Spezies und Herkunft, aber für diese Rolle ist sie sowieso nicht die ideale Besetzung; sie ist zu glatt. Ganz hervorragend bewähren sich dagegen die Spitzmäuse zum Ohrenreinigen: Weiß der Geier, wie sie es fertigbringen, ihren ganzen Körper derart in Rotation zu bringen, daß sie die Ohrtrompeten und auch die Nasenhöhlen sauberkurbeln können. Währenddessen tummelt sich ein Zaunkönig in meiner Mundhöhle und pickt mir die Zähne sauber. Wenn schließlich meine beiden Eichhörnchen mit dicht über den Haaren schleifenden Schwanzbüschen ungefähr 15mal über mich hinweggesprungen sind, dann wäre meine Toilette an sich beendet – wenn diese langweilige Schlange nicht noch immer ihre wirkungslosen Runden um meine Schenkel und in meinem Intimbereich drehen würde!

Also, ich habe jetzt die Nase voll von ihr und schmeiße sie ins Klo. Zu dumm, Flaschenbürstentiere scheint es nicht zu geben.

4. Transistorhomo

Professor Emu hatte einen weißen Halbgottmantel übergezogen. Dieser paßte zwar schlecht zu den dünnen Laufbeinen und dem räudigen Hals mit der Federkugel darauf, aber Emu nahm die Lächerlichkeit in Kauf. Er hatte ja Autorität.

»Damenundherren«, sagte er, »es ist ja ein alter Hut, daß wir ein ganzes System von Synapsen in uns haben. Synapsen sind Transistoren. Man kann sich also nur darüber wundern, daß die Kollegen nicht schon vor mir darauf gekommen sind, bei Ausfallserscheinungen Transistoren einzusetzen. Heute sind das Pfennigartikel, man braucht damit nicht zu sparen. Bei diesem Homo hier – er machte eine Kopfbewegung zu dem auf dem OP-Tisch liegenden Tier – haben wir den Eingriff bereits 65mal durchgeführt. Es ist schon Routine bei uns. Hat der Patient Schnupfen: Nase auf und Transistor rein. Hat er die Fallsucht oder einen kleinen Infarkt: Ein kleines Loch gebohrt, und ein paar Transistoren rein. Bei der heutigen Miniaturisierung ist das ein Klacks. Sie können mal eben bei so einem Eingriff zusehen«, sagte Emu und griff zum Messer. »Geht schneller als Blutdruckmessen. Man muß nur aufpassen, daß man alles gut zunäht und daß der Patient sich später nicht verletzt. Bei der Winzigkeit der modernen Elektronik können die Teile auch durch sehr kleine Öffnungen unverhofft herausfallen.«

..... *5. Die Bremer Stadt-Akrobaten* .....

Bremen ist bekanntlich Deutschlands kleinstes und ärmstes Bundesland. Den Grenzern ist also klar, daß sie keine weiteren Kostgänger mehr

DIE BREMER STADT-AKROBATEN

einlassen dürfen. Das folgende Schauspiel hat aber schließlich doch die Herzen der bremischen Stadtwächter erweicht.

Der Hahn lag auf dem Rücken und krächzte furchterregend; auf den hochgereckten Beinen umkrallte er den Katzenkopf – der Katzenkörper hatte, aus Schwanz und Beinen, die Form einer Brezel angenommen; in einer der Öffnungen steckte die Schnauze des Hundes, und der Rest des Hundes konnte aufgrund dieses Haltes in ca. 2 Meter Höhe eine waagrechte Lage einnehmen, so daß der Esel auf ihm die typische Haltung des heraldischen Einhorns nachahmen konnte.

Die Wächter öffneten also die Schranken und gewährten den Tieren Einlaß. Sie sitzen jetzt fortwährend beim Bier in einer Altentagesstätte und öden die bremischen Senioren mit ihren Kunstturnergeschichten an. – Aber jetzt ist's passiert.

Wie viele junge Leute hat auch sie diesen Sport liebgewonnen. Man sieht sie, das Grünhütchen zwischen dem Gehörn, in forscher Gangart auf den gutmarkierten Routen des Alpenvereins. Die kraftvollen sehnigen Bewegungen der Älpler hat sie bereits eingeübt. Ab und zu verharrt sie, läßt die Blicke genußvoll über die Aussicht schweifen, um den Lohn ihrer Mühe zu ernten. Jenseits der Baumgrenze läßt die lebensfeindliche Luft stolz ihre Wampe schwellen. Dann hängt sie in der Wand. Sie tastet blindlings nach Spalten und Stufen, sucht den für Doppelhufe passenden Halt, benutzt auch das Gehörn, um nach dem nächsten Felshaken zu angeln. Das feuchtwarme Kuhfell wird etwas abgeschmirgelt.

Endlich oben auf dem Gipfel! Sie stößt einen Jubelruf aus. Die vier Beine werden derart auf den Felsschrägen placiert, daß das Euter auf der Spitze ruht. Die Spitze ist rund und hat vier Dellen. Nunmehr beginnt das Tier mit seinen regelmäßigen Pumpbewegungen. Weit unter ihm, so weit das Auge reicht, das weißflüssige Nebelmeer.

DIE KUH ALS BERGSTEIGER

»Einen recht schönen guten Morgen, liebe Hörerinnen und Hörer, wünschen wir Ihnen als erstes in unserer Sendung ›Aus Wald und Feld‹. Sollte er aber nicht ganz so gut sein, dann spritzen Sie sich erstmal eine Ladung Benzedrin in die Armvene: Mit der SYSTRA-Fertigspritze.« Die Dohle, die ganz allein in der herbstlich entblätterten Buche saß, machte ein spitzes kleines Geräusch wie aus einem Überdruckventil: »Ah«, sagte sie dann, »jetzt sieht die Welt schon anders aus, nicht wahr? Fort ist der Stadtlärm, fort der Linksdrall, weit weg die vergiftete Umwelt! Schon fühlst du dich hineinversetzt in die Ur-Natur, wiegst dich auf Buchenästen, blickst über Wiesen, Bächlein, Rehlein und genießt die Stille ...«

Die Dohle machte noch einige passende Geräusche, dann war die Sendung beendet. Sie pflückte sich das Mikro von der Weste und hängte es an den Ast. Sie sah auf ihre Armbanduhr und sagte: »Höchste Eisenbahn!« Schon in zwanzig Minuten wurde sie beim RIAS im Studio C erwartet, wo man für den Schulfunk unbedingt eine Originaldohle einsetzen wollte.

Sie krächzte was von beschissener Terminhetze und schwirrte ab.

... *8. Eine Kreuzotter auf der Autobahn* ...

Gestern wurde von Hubschraubern der Verkehrspolizei eine Kreuzotter gesichtet, die den BAB-Abschnitt zwischen Fallingbostel und Rüdesheim einnahm und sich nach Südwesten bewegte. Dies jedoch nur langsam, obgleich verschiedene Hindernisse wie Bundeswehrpanzer, Billigmärkte und Konkursruinen schon aus dem Weg geräumt waren. Das Tier zwiezüngelte verärgert und ließ häufig sein Boschhorn erschallen: Trotzdem, nichts zu machen. Ging nicht vorwärts, trotz gut geölter Fahrbahn. Am Ende wird klar, daß es sich in Wirklichkeit um *zwei* Tiere handelte, die sich entweder paarten, ein Tauziehen veranstalteten, oder um einen umgefallenen Schornstein, eine aus Rekordgründen geschaffene Gelbwurst oder um eine besonders hartnäckige klebrige Abgasfahne. Schade.

Was kann ich bloß noch reintun in mich? Täglich neue Fischzüge, heute bereits 1 Taschenmesser, 5 Anzugsjacketts, 2 nagelneue Gürtelreifen, 1 Reiseknüller »3 Wochen Kenia« und einen ganzen Haufen generative Transformationsgrammatik. Bin aber längst nicht voll, also weiter. Nachmittags grase ich die Zeil ab, nehme ca. 2 Dutzend Kassettenrekorder ein, auch die Hans-Habe-Kassette, je eine Großpackung FKK und IQ, ein kleines Leinensäckchen voll Taschenrechner, 1 Jahrmarktslebkuchen mit der Zuckergußaufschrift »Schächtelchen«. Noch immer klappert's in mir. Unvolle Schachteln bilden eine Gefahr fürs Gleichgewicht. Also weiter. Eine Honest-John-Lenkrakete, ca. 1500 qm Bauerwartungsland, ein Erdsatellit Melodie, 10 indische, 10 schwarze Waisen, eine Anzahl kleinerer Schachteln, die ihrerseits unter Leere leiden (was mich jedoch nicht berührt). Na, jetzt bin ich schon stark gewölbt und sage Eigentum verpflichtet und tu eine Ladung Beton rein und viel Dickes vom Rhein und verschiedene Stücke vom Butterberg, vom Parlament und vom historischen Kompromiß. Ich kann es gut sein lassen, bewegen kann ich mich nicht mehr, an der Seite knackt es verschiedentlich. Es bilden sich kleinere Risse, ich bin glücklich, ich platze und ergieße mich lustvoll über die ganze sumpfige Biosphäre.

· · *10. Taschenmax, das Tier, das niemals klagt* · ·

Auch in eine überfüllte Tasche paßt er noch, neben Messer, Schneuztuch, Kleingeld, Handbesen und Handschuh. Er rollt sich eben ganz ein, ganz fest, zum Knoten ohne Zipfel, federt aber gleich wieder auf, elastisch, wenn's Platz gibt. Wenn ich die Hand in die Tasche stecke, kuschelt er sich hinein. Es kitzelt ein bißchen drin, und ich kichere. Plötzlich reiße ich die Hand raus, rufe: Ich *halt's* nicht mehr aus, und wie ein Klümpchen saust mein Taschenmax durch die Luft, entfaltet sich, schlägt ein paar Kapriolen und kehrt pfeilschnell in die Tasche zurück. Als sei er mit einem Gummi befestigt.

Manchmal wird's glühendheiß in meiner Tasche; ich weiß nicht, was er dann macht. Manchmal gibt er einen sehr hohen Pfeifton von sich, der anscheinend Fliegen anzieht, die mich umschwirren und belästigen. Ich klatsche dann ein paarmal kräftig auf die Tasche, damit er mit dem Unsinn aufhört; er gehorcht sofort.

Es ist unheimlich, wie er morgens schon weiß, welche Hose ich anziehen werde. Jedenfalls sitzt er schon drin. Er repariert sofort kleinere Schäden, ich habe nie Löcher in den Taschen. »Schon deswegen lohnt er sich«, sage ich erklärend zu meiner Frau, aber sie sagt: »Wovon sprichst du überhaupt, ich glaube, du spinnst.«

11. Flüssigtier

In dieser Form ist es besonders service-freundlich. Nichts hat nachhaltige Folgen. Statt mit dem Schwanz zu wedeln, wobei fast immer ein Blumenständer umfällt, kräuselt es seine Oberfläche. Die Geräusche, die es macht, Gluckgluck, rrrrinnnnn oder wwwuuuuschschsch, belästigen kaum jemanden. Alle Nahrung ist Lösung. Seine Geschäfte verrichtet es nur auf leicht zu reinigenden Oberflächen (Tischen, Porzellantellern). Einzig die kurze Haltbarkeit stimmt etwas traurig – vierzehn Tage, darin erfüllt sich ein Leben nicht so recht. Durch Kühlung, allerdings, ließe es sich verlängern.

· · · · · · *12. Leichttür oder Leuchttier* · · · · · ·

Leichttür oder Leuchttier, das ist hier die Frage, denn zum einen ist es leicht aus den Angeln zu heben, andererseits geht ein Licht von ihm aus. Doch kann es transparent sein, das Licht transzendent. Eine Klinke hat es nicht. Die Pfötchen, die es hat, bewirken keine Öffnung, sondern erzeugen nur ein stärkeres Leuchten. Vor allem nachts. Tagsüber sieht man es nicht, so daß sich ein Vogel schon mal den Kopf dran einrennen kann.

· · · · · · *13. Der Schreckflügler lauert* · · · · · ·

Er hockt dahinten auf dem Holzrost, der eigentlich zur Gepäckablage dient. Ein faltiger Leib, in sich gesunken wie ein halb entleerter Reise-

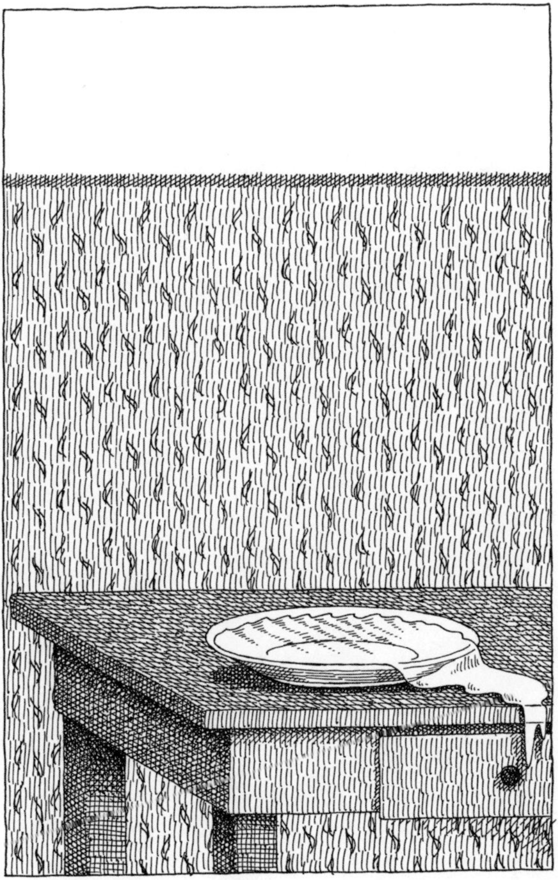

FLÜSSIGTIER

sack. Darauf eine Pfeilgestalt, seidig, mit einem Griffende – das sind wohl ihre Flügel, oder? Drunter spitzt es hervor, lugt grellrot, wie Futter vonner Regenjacke. Die unmerklichen, aber gereizten Vorbereitungen zur Entfaltung, verborgenes Linsen, Warten, Lauern, bis er plötzlich weit die Fledermausschwingen ausbreitet, aufflammend die rote Farbe, Brandgarbe, weit flappend und mit jenem hornigen harten Geräusch, vor dem ich mich jetzt schon ängstige. Es kommt noch so weit, daß ich den Anorak im Zimmer anlege.

.... *14. Der Baumofant* ....

Ein Waldspaziergang Schuppigs am Morgen, während der Nahzug pfeift, ein Wind mit den Abfalldosen spielt und das schilfische Gras verschiedentlich scheitelt und strählt.

Da geschieht es, daß ein Baumstamm samt Wurzeln sich in die Luft erhebt, in einer Höhe von fünf Metern kurz in der Luft schaukelt und in einiger Entfernung unter Brechen und Krachen zur Erde zurückkehrt. Danach geschieht dies noch mit anderen Stämmen. Schuppig deduziert daraus die Existenz des Baumofanten, eines Tieres, von dem sein Auge nur die Beine wahrnimmt, während der restliche Körper luftähnlich sein muß, wolkenähnlich bei entsprechender Witterung, baumkronenähnlich im Sommer. Er bewegt sich wie beschrieben; ob mit vier, sechs oder noch mehr Beinen, ist ungeklärt. Ebenso, ob er selbst die Zahl seiner Beine weiß, ob sie feststeht (die Zahl) oder wechselt, ob äußerstenfalls dem Baumofanten der ganze Wald verfügbar ist oder nur Einbein.

Es scheint mir, daß Schuppigs Hypothese einigermaßen phantastisch und zur Erklärung der trivialen Vorgänge eigentlich nicht erforderlich ist.

15. *Trügerische Ruhe*

Die Maschine macht einen hungrigen Eindruck. Ein Blechkasten mit Rädern, mit Hebeln, einer Standplattform. Die Maschine bewegt sich nicht. Keinerlei Bewegung. Durch mehrere Öffnungen sieht man in ein verdrahtetes Innere.

DER BAUMOFANT

Wo sie verkleidet ist, sieht sie wie ein Möbel aus. Stumpfgrün. Sie steht ganz allein in einer Ecke einer Halle. Die Halle ist sonst leer. Es kann auch sein, daß die Maschine hockt oder liegt. Einige wurmförmige oder erdnußförmige Schaumstoffteilchen liegen in der Nähe der Maschine. Man kann sie auch als nierenförmig bezeichnen. Keinerlei Geräusch, weder ein Schnurren noch ein Fiepen. Angeblich soll die Maschine schon wochenlang so verharren. Vielleicht fehlt ihr etwas. Aber je länger die Wartestellung andauert, desto wahrscheinlicher die Aktion. Einmal hat jede Geduld ihr Ende.

16. Das folgende Tier

Das folgende Tier ist herzförmig. Aus seiner stumpfen Seite ragen ein paar offene Rohre oder Schläuche, gerippt oder geringt, möglicherweise Leitungsanschlüsse. Über die rote Oberfläche sind flußlaufartige Bänder verteilt, mit Einmündungen oder Verzweigungen, je nachdem. Einige Fasern, perlenhaft verdickt, kommen seitlich raus, vermutlich für den elektrischen Strom.

Sinnesorgane bemerke ich keine, was auf ein Höhlenleben deutet. Auf einem an einem Schlauchende mit feinem Draht (Blumendraht) befestigten Anhänger stehen die Worte »Joseph Wissionarowitsch Perwuchin«, aber das betrachte ich als Schülerwitz.

...... *17. Die Pumphouse-Horde* ......

Übrigens verfuhr die Pumphouse-Horde bei ihren Streifzügen auf dem kenianischen Hochland durchaus wahllos. Sie jagten, was ihnen unter die Augen kam: Hasen, Vögel, Antilopen, ganz egal. Erstaunlich, welches Tempo das Alphatier »Arrowhead« in seiner mopsigen, dreibeinigen Laufart erzielen konnte: Da! Sehen Sie nur! Die Silhouette der Horde wie viele Quasimodos, dazwischen mitflitzend alle die parasitären Rattenhündchen, kurvende Klein-Jeeps und Miniatur-Planwagen im Schaukeltrab, ferner – immer als Schattenrisse – allerhand unbekannte Jäger, kurzbeinig, spitzbäuchig, mit einem sehr lang gedehnten Hals, und eine Art Enten oder Puter mit gesträubten Nackenfedern, und Kranwagen, fliegende Fische, fleischfressende Pflanzen von der Art der Kannenstauden, und Fliegenklatschen, Küchenmesser, und rückwärts eilende Wespen und Spraydosen, und alle mit den Rufen: Zisch! und Hussa! und pfeifend, fuchtelnd, schwitzend, röhrend, rudernd – aber leider ohne jeden Erfolg.

...... *18. Ein Tier zum Hungern* ......

Zunächst sieht's stolz aus, vorne mit Anzeigeinstrument: Heute EIN KILO, heute REKORD: EIN KILO zweihundert Gramm. Es hat dünne kratzige Beine, ca. drei Stück. In der Eile wird das Geschlechtsorgan zugezogen. Kleine Löckchen rings ums Ohr, Äuglein braun, ein kleiner Finger im Bauchnabel, ein dünnes Mündchen irgendwo linksseitig: Es ist zum Hungern, nicht wahr, zum Hungern.

19. *Litter-a-tier*

Aus lauter Büscheln, wenn nicht gar Beuscheln von dünnem Seidenpapier zusammengeknäult, ein Geruch wie Naphtalin, die Büschelchen mit sehr dünnen Seidenfädchen wie Spinnweb zusammengehalten. – Vorsicht, nicht strammziehen, es muß locker bleiben! In Bewegung knistert es erregend. Zum Teil ist jedoch Kohlepapier verwendet worden, so daß man als Weißgekleideter seine Zudringlichkeiten abwehren sollte.

20. *Das Backsteintier*

Sie ahnen es nicht, weil ich aussehe wie leblos, wie aus Ton. Wenn sie es ahnen, so wissen sie doch nicht, *welcher* ich bin. Ich sitz fest drin, aber wenn ich den Rücken nur wenig krümme, wackelt die Wand.

DAS BACKSTEINTIER

· · · · · · *21. Der Wurm-im-Apfel* · · · · · ·

Ein Teil von mir soll etwas anderes sein. Die Leute beginnen zu essen, aber wenn sie an die Eingeweide kommen, spucken sie aus. Warum will man immer nur das Äußere als Apfel gelten lassen?

Ich bestehe auf meiner Ganzheit wie jeder dicke Mann. Ich bohre und drehe mich wie die Sehnsucht nach Jugend unter dem Fett – aber das ist schließlich *meine* Sache. Wenn der Apfel fällt, bin es nicht ich? Er fällt, weil *ich* falle! Die Unbildung greift weiter um sich: Die Leute verstehen rein gar nichts mehr von Zoologie. Sie sprechen vom Ochsen und meinen das Beefsteak! Ich protestiere!

· · · · · · · · *22. Üble Nachrede* · · · · · · · ·

Dieses Jahr, heißt es, gebe es eine Plage von mir. Es heißt, ich dringe in die Wohnstuben, dahin wo's feucht ist in Häusern, ich machte mich breit – ganze Nester. Man verleumdet mich. Was hängt man mir nicht alles an! Natürlich, wenn man mich anpackt, benutze ich meine Zangen, dazu sind sie da! Aber am Ohr? Haben Sie je gesehen, daß ich Ohren kneife? Was machen Sie denn, wenn ein Bagger Sie nimmt?

Es scheint, daß meine bloße Existenz ein Ärgernis ist.

23. Patenttier

Die Erfindung betrifft ein Seetier, das zum einen mit Teleskopaugen und tiefblauen Schuppen und Flossen ausgerüstet ist, zum anderen mit einer Meerwasserentsalzungsanlage. Das Tier kann einen Salzgehalt bis zu 10 % bewältigen, ohne Luft zu schnappen; dabei verständigt es sich mit etwaigen Artgenossen durch schrille Lautfolgen, die bis zu 10 Quadratkilometer Wasser zum Kräuseln bringen. Es frißt Altöl und Aale. Bei Durchzug einer Schlechtwetterfront verkriecht es sich in versunkene Kapitänskajüten.

Übrigens besitzt das Tier auch einen interessanten Ballastausgleich auf Hängeschienen: Die schweren inneren Organe, z.B. die eiserne Lunge, werden, wie beim Skilift, vollautomatisch zum höchsten Punkt befördert.

Was seine Sexualität angeht, so ist sie robust. Das männliche Geschlechtsorgan hat die Form eines Fahrrads, das weibliche die Form eines fahrradfahrenden Menschen. Die Bedachung des Kopfes des Tieres gleicht einem Schwarzwaldhaus. Die Bebeinung dagegen ist rationell und von der Art einer Peitschenlaterne. Man sieht schon: Es ist für Landgänge durchaus gerüstet.

Die Herstellung des Seetieres erfordert außer einer elektrischen Nähmaschine keine weiteren Hilfsmittel.

24. Ein boshaftes Tier

Das wandlungsfähige Tier, das ein Kamel, ein Wiesel und durchaus ein Wolkenwal ist, ist dem Gebildeten bekannt.

Eine Winzigkeit, die es noch zusätzlich auszeichnet, die Leichtgläubigkeit nämlich, macht es zur Neuheit. Doch dies ist nicht alles. Wir fügen hinzu, daß es zum Inzest neigt, häufig in

Schwarz geht, daß es bei Regen verschwimmt, daß es, wenn auch nur widerwillig, sticht, von unklarem Geschlecht, also nach wenigstens zwei Seiten offen, stürmisch, olfaktorisch, leicht verderblich, ungesättigt, hauchdünn gesponnen und am Abend der Geschichte blutig rot.

Und noch eins: Es lacht nur auf Kosten anderer.

..... *25. Nein nein, dieses Unwesen* .....

Es war ein maulförmiges Tier, das ich vor mir sah, und es besaß viele Zähne mit Aufdruck, und es hatte ein sehr dünnes, höchstens 6 Punkt breites Bärtchen in Gestalt der Worte: »Immer flüssig ohne Bargeld« – und das war auch das letzte, was ich davon zu sehen kriegte.

.... *26. Das Zeitlupentier* ....

Kränklich, kümmernd, depressiv, in einem Fröstelwind von viel zu rasch abrollender Zeit, wenig Mut, viel Gefühl, ein Misanthrop, jedenfalls im Habitus. Das Zeitlupentier.

Es ist eins, von dem morgens der Schwanz, mittags der Bauch, dazwischen mal ein haariger Rücken und Schenkel, zum Fünf-Uhr-Tee die Brust, darauf auch die Vorderbeinchen existieren, die dann gegen sechs dem Hals weichen, während der wiederum, so zur Hauptfernsehzeit zwischen acht und neun, dem Kopf weicht, d.h. zuerst dem Kiefer, der Schnauze mit sechseckigen Nasenlöchern, während vom Tier inzwischen sonst nichts mehr übrig ist, allenfalls an einzelnen Stellen kleine Häufchen, Schmelzreste, Sand oder Kies. Gegen zehn sind es nur noch die Spitzen der Ohren. Um elf können wir dann ins Bett gehen, denn nun ist es ganz durchgelaufen.

.... *27. Das Steckertier* ....

Viel häufiger kommt das Steckertier vor. Es ist aus Bakelit, Polydur, oder wie das heute so heißt, hat seitlich zwei stählerne Schutzableiter oder Blitzableiter, hinten einen sehr langen elastischen Schwanz und vorne zwei Zinken. Und es hat wirklich nichts anderes im Sinn, all sein Streben und sein Leben geht darauf hinaus, diese beiden Zinken in zwei genau zu ihm passende Metallöcher zu stecken, die wie ein Schweinerüssel aussehen. Das Gefühl dabei – das muß wirklich mächtig sein. Alles surrt und schnurrt und leuchtet und macht Musik, wenn's passiert ist.

28. Bedrohtes Tier

Man darf nicht denken, das Tierleben sei noch in Ordnung, zu welcher Tageszeit auch immer. Dieser Darwinismus von uns, was macht er nicht alles zuschanden! Die Tierart, von der ich spreche, ist feucht, immer feucht – mit ständig nachdrängender feuchter Exkretion – und darum geht's ja. Es ist das Klebeschicht-Leck-Tier, das einst zum Befestigen von Marken, zum Verschluß von Kuverts, zum Anbringen von Etiketten, braunen Paketklebestreifen unentbehrlich war.

Jedoch auch hier kam der Fortschritt. Selbst-

DAS STECKERTIER

klebe-Schichten erübrigen das Tier. Jetzt sabbert's ganz nutzlos und wird den Rentnertod sterben.

· · · · · · *29. Ein sehr vagues Wuesen* · · · · · ·

Der Wind weht und bauscht die blauen Gardinen. Drüben dreht sich der Kirchhahn, aufblitzend. Ein sehr häßlicher, triefäugiger Köter überquert zögernd die Straße. Eine reife Kastanie stürzt durch die Luft und macht ein knöchernes Aufprallgeräusch. Eine spitze, dünne, schmutzigbraune Rauchfahne, deren Ursprung durch die ersten Häuser verdeckt wird, liegt über den Schrebergärten. Vor dem Schaufenster eines Fotogeschäftes kämmt sich ein Jüngling hingebungsvoll seine Haartolle. Ein Glucksen, Prusten und Kichern dringt beinahe ungehemmt durch eine Gartenhecke, und alle diese Phänomene sind die Spuren eines sanft durch diese Gegend gleitenden Tieres, das sich anders gar nicht bemerkbar machen kann.

· · · · *30. Das bekannte fünfzinkige Tier* · · · ·

Mit fünfzehn Gelenken, stark verrunzelt im gestreckten Zustand. Von rechts gabeln sich die Lebenslinien, von links strammt sich eine Dupeyron'sche Kontraktur. Das Tier kann einen Bogen durch die Luft beschreiben, es kann sich scharf einrollen, aber es kann auch schlaff auf eine Fläche sinken, hechelnd. Mittels der fünf harkenartigen Zinken kann es das dunkelbraune, fettige Haar des Herrn Josef Schinagl, junior, immer wieder poposcheitelgerecht teilen und glätten, damit es zu seinen Worten paßt: »Mehr oder weniger«. »Mehr oder weniger«.

· · · · · *31. Das Urtier und sein Stamm* · · · · ·

Das Urtier war ein Geruch von Äpfeln, Teer und Schaschlikbude, und es vereinigte sich mit dem Geruch von Moschus, chinesischem Reispapier und frischgeschlüpften, in einem Moos von Exkrementen und gehackten Brennesseln herumpiepsenden Küken und zeugte das Großtier. Das Großtier war ein Geräusch von Fastnachtsrätschen und Äolsharfen, und es verschmolz mit dem Geräusch der Suzuki 5000, das einen Chorus Charlie Parker enthielt. Das Ergebnis war das Mitteltier, das zwar taub war, dafür jedoch sichtbar. Es war ein Tannenzweig mit zwei Trix-Gummireifen, wurzelnd in einem kaputten Fernseher der Marke Grätz und geschmückt mit einem in Alufolie eingewickelten Kaugummi und einer Briefmarke. Das gegengeschlechtliche Wesen, das ist ja ganz natürlich, verband sich mit dem Mitteltier, indem es der Briefmarke ein feuchtes Kuvert, dem Kaugummi ein Kunstgebiß, dem Fernseher einen elektrischen Bohrer, den Trix-Gummireifen ein Stiel-Eis und dem Tannenzweig ein Zahnputzglas entgegenstreckte. Das Ergebnis ist nun das Endtier. Man sieht es nicht, man hört es nicht und kann es auch sonst nicht wahrnehmen, doch soll es viel Dialektik, etwas beinahe Ontologisches und eine schöne Seele haben.

32. *Unser Stempeltier*

Nein, diese Rastlosigkeit, Scherzhaftigkeit, diese unstillbare gute Laune! Es hüpft elastisch, es hüpft im Walzertakt, es hüpft sich den ganzen Tag die Sohlen sauber: DRUCKSACHE – NICHT KNICKEN – STRENG GEHEIM – PERSÖNLICH – VERGRIFFEN – ERLEDIGT – ALLES LIEBE VON DEINEM OTTO.

33. *Achdu-Tier*

Das Achdu-Tier lebt von Seufzern, es trinkt Tränen und wälzt sich schlaflos über Kissen und Plumeaus bis Kairo. Es hat eine dicke Backe und zwei lang herabhängende Nasen. Seine Bewegungen gleichen einem durch Magenschlag getroffenen Detektiv. Es schmeckt nach Erdbeer-Yoghurt. Gewöhnlich wird es von seiner Umgebung gemieden, die Ferne dagegen hält sich neugierig das Lorgnon vor.

Bei Erwähnung jener Dachpfanne, die jedem zustoßen kann, und des Baumastes mit Namen »Horváths Tod« fällt mir ein Krokodil ein, und sein Pseudonym Adolf Schmitt, und daß jenes dadurch dauernd ins Schwimmen kommt. »Was? Sie wollen der Urheber dieses Gürtels sein sowie des eleganten Damenschuhs!« ruft ein Zollbeamter Kalbshenn: »Das sieht man Ihnen wirklich nicht an!« Schmitts Hinweis, daß Ringelnatz sich zwar Böttcher nannte und trotzdem das Faß immer leer war, überzeugt den Beamten nicht. Erst abends, als Kalbshenns Frau, auf seine Vorhaltungen hin, aufschreit: »Ich kann es mir nicht aus den Rippen schneiden«, erkennt der Beamte, daß das Pseudonym keine Fiktion ist – und damit folgenlos – und daß bei der Entscheidung, welcher von mehreren Namen der wirkliche ist, dieses Kriterium hilfreich ist.

Adolf Schmitt jedoch kroch mit seiner Enttäuschung zum nächsten Zahnarzt, präsentierte ihm seinen kariösen Backenzahn und biß ihm die Hand mit dem Bohrer ab. Zufall oder nicht, jedenfalls ließ sich der volljährige Paul Getty III.

bald darauf in Rom mit einem Ferrari blicken, der ganz und gar mit Krokodilleder überzogen war.

...... *35. Diverse nützliche Tiere* ......

Ein Tier, das den 31. anzeigt, wenn es erst der 30. ist, weil der Herr immer zu spät kommt.

Ein Tier, das beim Essen stets sprungbereit lauert, um – mit weit offenem Mäulchen – den Anzug des Herrn vor Klecksen zu bewahren.

Ein Tier, das dem Herrn vorangeht und alle elektrisch geladenen Türklinken entschärft.

Ein Tier in Gestalt eines Kronkorkenöffners.

Ein Tier, das die Worte flüstert, die dem Herrn auf der Zunge liegen.

Ein Tier mit wunderschönen Augen.

Ein Flammentier: Auf die Worte »Danke Tier« stirbt es im Zigarettenrauch.

36. Das nachdrückliche Tier

Glaube es ruhig, flüstert es: Dies ist meine Zunge. Und dies hier, was du bloß für eine helle Fläche zu halten scheinst, ist das Innere meines Rocks. Darin bewege ich meine Beine, zwei Beine, die kreisen. Das Runde ist mein Kopf, nicht wahr, zugleich mein Leib – einer hinter dem anderen. Der Leib enthält, er enthält – nun sag es schon: Das Ticktick, das Klockklock – ja, das Herz. Ein Glück, flüstert es, daß du drauf gekommen bist; ich hätte fast laut werden müssen. Die zwölf Augen siehst du auch nachts – gibt es einen besseren Beweis? Ich flüstere wie ich bin, also bin ich, flüstert es, kaum hörbar, aber nachdrücklich.

37. Tier Komma sehr gedankenflüchtig

Zuerst habe er, erzählt ein Freund von mir, kaum feststellen können, wo es anfange, ob an der Stehlampe oder erst am Knick des Sofakissens. Irgendwo habe er ein Ohr in Gestalt eines Telefonhörers bemerkt, dann erst wieder was am Fenster, nämlich den Mund – den Mund, stöhnte mein Freund, die Lippen, die sehnsüchtig am Glas gesaugt hätten, mitten im Küchenschrank, und dann schon wieder im Karnickelstall ... überdrüssig ... mit halber Karotte ... Nein nein! rief mein Freund sich zur Ordnung, nicht ganz so, *ein* Beinchen oder zwei hätten schon durchaus richtig auf dem Teppichboden gestanden, chromglänzend und sehr verwirrend, da es ja an derselben Stelle die zwei Sofabeine, zum anderen gebe es ja auch den Stelzfuß des Gartenschirms, etwas farbblättrig, und den scherenhaften des Wagenhebers, welcher klarstelle, daß das Auto überwiegend in der Kniebeuge verharre und nur ganz selten einmal sich ganz erhebe, d.h. nicht mit den Blicken am Boden, sondern mit einem aufwärts schießenden Pfropfen, der diesmal die Entladung einer Hemmung vorführe, einer lebenslangen Hemmung, mit zerstörerischer Wut, den Schlips vom Halse reißend, mit dem Absatz den Wandgrafiken und Telefonfreundlichkeiten zu Leibe rückend, so daß er, schließt mein Freund, am anderen Morgen wie in der Gosse aufgewacht sei, besudelt von Ausscheidungen und dem erbrochenen Mageninhalt des Tieres, von dem man ansonsten im ganzen Haus keine weiteren Spuren hätte finden können.

. . . . *38. Symbiotier* . . . .

Danke der Nachfrage, es gedeiht gut in menschlicher Umgebung, es ist sogar eine Art Indikator für sie, wie Brennesseln für Urin oder Pilze für Penicillin. Aber es verlangt viel Zuwendung. Sein teetassenförmiger Leib will beleckt sein, die Bleistiftbeinchen gespitzt, und der Kopf erst, von Knopfgröße, die vier kleinen, schläfrigen Äuglein, das Fadenmündchen, die Nasenlöchlein, die müssen gezwirbelt sein und betränt und behustet. Mal fordert es in dieser Weise mit Atemstrom bedacht, mal mit Hautkontakt beglückt zu sein, es will behütet sein, es will bebrütet sein, es will, nach Art der kleinen Känguruhs, den Körperöffnungen seine Aufwartung machen: O bitte, nehmen Sie Ihre Pflichten nicht zu leicht! Werden Sie eines Grammes unterlassen, so wird's kritisch. Nur wenig mehr, dann verhornt es.

· · · · · · *39. Ein Tier mit Lücken* · · · · · ·

Es hat drei Knie und zwei Ohrläppchen. Außerdem eine dünne, geschlängelte Wirbelsäule, die sich im ultravioletten Licht deutlich abhebt. Scheint die Sonne gut, so wirft es einen beachtlichen Schatten, der von fern an eine Gießkanne erinnert. Täuschung: Es ist kein Henkel da.

Infolge einer Herzoperation, die sich kürzlich zum zehnten Male jährte, klappert es laut. Man hört es also kommen, ist erwartungsvoll, knirscht vor Vorfreude, macht sich auf Wunder was gefaßt – und ist enttäuscht. Wo ist der Rest? Kann es nichts anderes machen? Nach Moschus riechen, Blitze schleudern?

Doch. Es kann schreien. Es schreit mit überschlagender Stimme. Hör auf, hör auf, ich will so nicht sein!

· · · · · · · · *40. Plisssss* . . . . . · · · · · · · ·

Ein Fälteltier, mit seinen kleinen, scharfkantigen Pfötchen alles plissierend, auch sich selbst.

FÄLTELTIER

41. *Tierangel*

D.i. das Angeltier, d.h. eines, das unbedingt verbindet, sich jedem und allen mit seinen Angelboten aufdrängt, so daß nach Schwanz-Montierung ein Dackel mit einem anderen Hund wedelt, der hoffentlich leichter ist, so daß, ferner, zwei Kühe nebeneinander im spitzen oder rechten Winkel oder auch weiter aufgeklappt stehen können – aber das Grasen ... Bzw. weiter, man kann das nur als *practical joke* oder dgl. bezeichnen, wenn etwa eine ganze Wildentenkette sich hat überreden lassen, zu einer solchen, gelenkigen Symbiose o.ä., durchaus ansprechend im Fluge – doch welch jämmerliches Gezatter dann bei der Rast. Das Angeltier sollte seine Tätigkeit auf leblose Gegenstände beschränken. z.B. etc.

42. *Das hohe Tier*

Es horstet auf dem Bergesthron, hat eine gesunde Gesichtsfarbe, grüßt mit angewinkelten Flügelchen unter leichter Verneigung. Es besitzt

Ohren. Irgendwo kratzt immer ein Goldfüllhalter. Es hantiert bezaubernd mit mehreren Telefonhörern. Außerdem gibt's da ein spitzes, schwarzglänzendes Füßelchen, ein seidenweiches Handtellerchen, einen schmalen, eisenharten Aktenkoffer und einen dezenten Duft nach Eau de Cologne . . .

43. Das Klettentier

Mit Widerhaken, Saugnäpfen, mit lufteinsaugenden Geräuschen, kleinen Krällchen, mit tränenseligen Seufzern: Ich brauchdichdoch! Mit einem sehr leichten, beigen, luftigen Seidenschal winkend, hinterherrennend, wenn man's schon los zu sein glaubte, sich an die Sohlen heftend, kaugummiartig.

44. Ein Tierrezept

1 kg Rüssel, 20 g Rogen, ein halbes Pfund Geläuf, ein Lot nassen Pelz mit Schmalz verrühren

EIN TIERREZEPT

bis zur Bastigkeit, zwei bis drei wachsam zukkende Schwänzchen anrösten und mit Blut ablöschen. Federn, Gewölle, Pfeifen und das keuchende Anhalten des Flüchtigen, Lauschen unterziehen bis zur Glätte, so gut es eben geht, lufttrocknen lassen. Mit mehreren Pfoten voll blättriger, dumpfer, schimmeldurchzogener, säuerlicher, wurmiger, matt schimmernder Walderde anrichten. – Fertig.

· · · *45. Das Tier der freundlichen Gebärde* · · ·

Es hat einen warmen braunen Blick. Leicht mürbe, also samtartige Oberfläche. Macht dann eine Pfotenbewegung, von einer Großzügigkeit, etwa wie Hut schwingend oder auch mähend, dann bekommt es einen listigen, gleichsam über die Schulter blickenden Ausdruck. Mit dem Hinterteil: ein breites Wedeln. Eine fast tulpenhafte Ausdünstung.

Alles das in einem, eine Sache von Sekunden, dazu ein Laut der Knurrigkeit, ziemlich melodisch, so was wie ein Rippenstoß. Jedoch nicht übertrieben. Alles Übertriebene ist beleidigend.

46. Das Tier der vertrauten Geräusche

Tapp tapp tapp. Kretter, garg. Rumpelrumpel prrrump. Plargl plargrumm Wiiiieeh. Tscht tscht. Krrrikrrrem. Husthust. Klirrklirr. Prrrreeeeerrk. Tscht tscht. Dideldideldidamm dideldideldidammdamm. Braasschsssssstzm. Rurk. Ruuuurk. Schmiierschm. Knarrrzknarrrzz. Prztlprzl. Uuuuuuuuuu. Tscht tscht.

47. Das Tier »Genauwiebisauf«

Dieses Tier, rabenschwarz, schwarz krächzend und auch sonst *genau* wie ein Rabe – bis auf die Flügel. An ihrer Stelle nämlich trägt es zwei große Handkurbeln, mit römischen Zahlen drauf, reliefförmig auf dem Gußeisen, die bis zu dem Wert römisch XVI reichen – was wohl Volldampf bedeutet.

In seiner Begleitung ein Tier, fuchsrot, mit einer sehr spitzig und vorwitzig leicht nach oben gebogenen Schnauze und auch sonst *genau* wie ein Fuchs – bis auf den Schwanz. An seiner Stelle nämlich bauschen sich eine Anzahl von

Yves-St-Laurent-Kleidern – Sie wissen, von der neuen Mode, wo sowieso alles nach Wald aussieht, Kleidern, welche den Eindruck vermitteln, als wolle das Tier fortwährend aus ihnen herausschlüpfen, während es sie doch in Wirklichkeit eher selbstgefällig hinter sich herschleift und die kostbaren Seidenripse und Atlasbahnen hin und wieder mit Sumpfflüssigkeit tränkt, mittels Dornengestrüpp aufraut und sie mit seiner tollwütigen Zunge beleckt. Wie vornehm wird sich diese Naturschleppe später im Bau ausnehmen! *Genau* wie große Damen!

· · · · *48. Ein beliebig verformbares Tier* · · · ·

Es heißt Vergl und läßt sich z.B. mit einem Schnitzelhammer sehr leicht einebnen, so daß man es als Wandschmuck benutzen kann. Hat man sich dann, so gegen 10:30 Uhr, daran übergesehen, kann man es abnehmen und sich ums Bein wickeln, was dann einen tadellosen Fellstiefel ergibt – aber leider nur einen. Naja, dann nicht – man kann auch ohne weiteres einen neuen Deckel für die Teekanne draus machen

(Sie wissen, die antike, unersetzliche), nachdem der alte Deckel in tausend Scherben sprang: Sehr einfach, einfach knüllen und dick in die Öffnung stopfen. In dieser Gestalt befriedigt es ziemlich, so daß man lange keinen Tee mehr benötigt. Man kann es aber auch 25mal mit einem Rasiermesser einschneiden und erhält dann das Buch von O. Wiener »Die Verbesserung von Mitteleuropa«, mit dem man sich eine Weile beschäftigen kann. Anschließend wird man ins Freie gehen wollen. Und da es dann regnet, kann man es gleich zum Schirm aufspannen. Nach einiger Zeit wird der Regen enden. Man wird dann einen Augenblick überfordert sein und keine Rolle dafür finden. Dies ist ein kritischer Moment. Man verschließe sich auf jeden Fall dem Ansinnen der Straßenarbeiter, ein Loch damit zu stopfen. Das kann man mit einem Caesar machen, mit einem Alexander, aber nicht mit ihm!

In der Badeanstalt eignet es sich zum Lendenschurz. Man kann, falls die Vorschriften streng sind, ein Stück davon abreißen, für die Badekappe. Wenn die Badestunde um ist, kann man Vergl liegenlassen. Es wird Verlierern stets zurückerstattet.

Zu oft hat es im Bungalow seines Herrn diese Zeitschriften für Verpackungstechnik herumliegen sehen, die so betörend sind. Also hat es sich gleich mal die Zunge mit Teflon überziehen lassen. Die Ohren steckte es in eine Schutzhülle aus einem Kunststoff, der täuschend mit der Struktur von Rohrgeflecht bedruckt war. Es ließ sich die Schnauze verlängern mit einer Art Prothese, nicht wahr, um dem Concord-Flugzeug zu ähneln, und es schnallte sich, wie Rollschuhe, Räder an die Füße, ein jedes von einem kleinen Elektromotor angetrieben, besorgte sich für den Schwanz so einen automatischen Aufwickler, wie moderne Staubsauger ihn zum Aufwickeln ihrer Anschlußkabel benutzen, und empfand schließlich auch einen starken Wunsch nach einem goldglänzenden Äußeren. Ein erster Versuch in der Vakuum-Aufdampf-Apparatur mißglückte: Dies Tier rang nach Atem, und das Metall bildete nur einen schmutziggelben Klumpen in seinem Fell. Also ließ es sich rasieren. Der nächste Versuch klappte, und es ist somit ein herrlich modernes, strahlendes Tier geworden, das ringsum nichts als Bewunderung einheimst. Nächstes Mal nehm ich dich zum Mond mit, sagte ein Gast.

· · *50. Gutgemeintes Hilfstier für einen schlecht erzogenen Menschen* · ·

Weil ich leider ein unhöflicher Mensch bin, schenkte mir meine Mutter zu meinem 18. Geburtstag ein Tier, um diesen Mangel auszugleichen. Sofort nachdem ich es erhalten hatte, demonstrierte es seine Fähigkeiten, indem es als weiße Hemdbrust mit darauf liegender Hand in der Luft erschien, und meine Stimme ertönte: Innigsten Dank, verehrte Frau Mutter – ohne daß ich das Maul aufgemacht hatte. Da wußte ich, daß ich in Zukunft in dieser Hinsicht vor peinlichen Fehlern und Unterlassungen bewahrt sein würde. Nun flammte vor jeder zwischen zarte Lippen gesteckten Zigarette automatisch ein Feuer auf, es wurden bis zu vier Damenhandrücken auf einmal geküßt, Mäntel über die Schultern gehoben, Stühle in gewinkelte Kniekehlen geschoben; in Restaurants, nach beendeter Mahlzeit, schwebte stets eine taufeuchte Teerose heran, und meine Stimme säuselte etwas von »einer kleinen Aufmerksamkeit«. Setzte ich mich ans Autosteuer und wollte mich, um die andere Tür zu öffnen, hinüberbeugen, so fand ich die lächelnde Dame ohne mein Zutun bereits auf dem Nebensitz. Bei Freunden, Verwandten und Vorgesetzten, wo ich auch hinkam, bedankte man sich für ein Geschenk oder einen telegrafischen Glückwunsch; ein wenig war man verwundert, wenn ich fragte, was und wofür.

Es war gut gemeint, aber ein Danaer-Geschenk. Ich bin umgeben von Schreckschrauben, die mich für ihren Liebhaber halten, die Verwandten rätseln über meine Absichten, und statt befördert zu werden, gelte ich als Schleimscheißer. Ich wollt, ich wär es los, das Tier. Wolln Sie es haben?

······· *51. Alleshalbsoschlimm* ·······

Das Tier Alleshalbsoschlimm hat jetzt einen bizarren Auswuchs am Hinterschädel, glaub ich, oder am Oberhals, den es eine Zeitlang sorgenvoll schlenkert wie ein Gummiglied, aber bitte, man gewöhnt sich dran: Freunde, Passanten und auch man selbst. Eine zunächst gelbliche, dann rotviolette Verfärbung der Bauchhaut wirkt da viel beunruhigender, irgendwie sieht das nach Blut- oder Lymphenvergiftung aus, scheint dann aber nicht weiter fortzuschreiten, in Nuancen vielleicht, und so findet man sich damit ab, so einen Bauch zu haben wie der Pavian einen Hintern. Es gibt Schlimmeres. Zum Beispiel ein abfaulendes Bein. Nun handelt es sich aber um einen Vierbeiner, es kann sich also auch auf dreien durchaus sicher bewegen, hat dies sowieso immer getan – oder haben Sie schon mal einen Vierbeiner mit allen Vieren zugleich auf dem Boden laufen gesehen? Na also. Dagegen das abgerissene Ohr, das vermißt man, wenn auch nicht lang, und man bedauert auch den Verlust einer Schnauze und des Schwanzes – aber was heißt das schon. Anderen geht's schlimmer. Solang man gesund ist, soll man sich nicht beklagen.

52. *Tier der Vorsicht*

Wittert, horcht, lugt, bevor's den ersten Schritt tut. Wenn es ihn täte! Steht vorgebeugt. Eine lange glasige Kralle wächst aus dem Brustkorb, wendet und biegt sich so hin und her. Nichts. Die geschlitzten Augen, nicht wahr. Dieses Schubbern, Schleifen, Kratzen – hören Sie nichts? Die Vorahnung bis zur Hausecke und dann rechts rum. Jedoch nicht links. Und hinten, wie steht's nach hinten? Ich meine Achilles, den kennen Sie doch?

Freundlich ist es schon, durchaus freundlich. Mit kleinen Vorräten in der Westentasche, plattgedrückt. Was es mal war, schwer zu sagen. Naja, Hausrat, Krankheit, den Kosten entsprechend, ein Ave Maria, ein paar Gebenedeite, bitt für mich, plädier für mich: *Hiiilfe!*

Das Tier ist abgestürzt. Links war das Eis dünn.

53. *Das Tier, das so gern ein Schwein wär*

Es ist eine Schande. Da müht und schuftet man sich ab, man schwitzt und keucht und kriegt doch keinen Rüssel zustande. Alles Drücken hilft nichts: einen Schnabel, einen Flunsch, sogar eine stumpfe Hundeschnauze, das geht noch – aber weiter geht's nicht. Man will sich eine Speckschwarte zulegen, Borsten und so weiter, aber alles, was dabei rauskommt, ist ein lappiges Teddyfell, womöglich noch eines aus Kunststoff! Ich drehe, biege und knete meinen Schwanz, aber er will nicht geringelt bleiben; nix, hängt immer wieder lang und dumm runter. Nichts klappt. Nicht mal ein Kotelett kann ich aus mir machen, es werden immer Frankfurter Würstchen, und biete ich mal jemandem meine Füße wohlfeil zum Sauerkraut an, so schreit der auf, kaum hat er den ersten Biß getan: Herrgott, das ist ja Gummi!

Jetzt sagen Sie bloß, sowas wie mich gebe es nicht!

54. Die Ächze

Für Tatjana Hauptmann

Das formlose Junge, das mein Freund Harry letztes Jahr in der Zoo-Handlung kaufte, hat sich zu einem geplagten Wesen gemausert. Ge-

DIE ÄCHZE

plagt wird es durch sich selbst. Es hat fünf Beine, und wenn es damit wohin geht, strampeln zwei davon bestimmt in die Gegenrichtung. Will es einen Laut ausstoßen, so hält es sich das Maul mit der Pfote zu, bis der Laut schließlich blaurot mit einem Knall herausgeschossen kommt und die Behinderung wegfliegt. Und nun das Essen! Selbstverständlich benutzt es eine Gabel, um sich die Suppe zuzuführen, und ein Messer für die Erbsen. Es kleidet sich in eine Art von Röhren, die den Gliedern nur am oberen oder unteren Ende eine Art Bewegungsfreiheit lassen, wie jemand, der sich unentwegt einen Rollkragenpullover anzieht, ohne die Brille abzunehmen. Sein Geschlechtsverkehr ähnelt dem Umgraben von Lehmboden. Die Vermehrung erfolgt, indem es den schmiedeeisernen Fortsatz, an dem die Frucht befestigt ist, tagelang mit einem Fäustel dengelt, bis sie endlich abfällt und plärrt.

Aber Harry sagt, er wird das vereiteln. Sonst füllt sich womöglich die Welt mit Ächzen.

. . . . . . *55. Das Fünfundfünfzig* . . . . . .

Das Fünfundfünfzig existiert einzig und ausschließlich aus abschließenden Gründen: Mit ihm ist alles aus, Schluß, fertig, finis, finito. Ende.

Editorische Notiz

Dieser Band versammelt sämtliche Tiergeschichten von Walter E. Richartz in der Reihenfolge ihres beiläufigen Entstehens vom Herbst 1976 bis zum Frühjahr 1979; die Texte wurden seinerzeit im einzelnen mit dem Autor durchgesehen. Dem neuerlichen Wunsch nach gelegentlichen Änderungen, Umstellungen, Streichungen, Weglassungen wurde nicht nachgegeben, weil die – wenn auch wahrscheinliche – Zustimmung des Autors nicht mehr eingeholt werden kann.

Zürich, am 1. 1. 1987 G. H.

Haffmans'
Helfende Hand-Bibliothek

Die Reihe im Dienste der Menschheit.
Wahre, gute und schöne Werke

Victor Auburtin
DAS ENDE DES ODYSSEUS
Fabeln und Feuilletons.
Herausgegeben von Georg Eyring.
Zeichnungen von Fritz Graßhoff

Max Bense
PTOLEMÄER UND MAURETANIER
oder Die theologische Emigration der deutschen Literatur:
Ernst Jünger und Gottfried Benn

Edouard Dujardin
DIE LORBEERBÄUME SIND GESCHNITTEN
Eine Liebesgeschichte als innerer Monolog.
Deutsch von Irene Riesen.
Nachwort von Fritz Senn

Bernd Eilert
DAS ABORIGINALE HOROSKOP
Ein Senigiroba-Weg des Wissens.
Zeichnungen von Hilke Raddatz

Gustave Flaubert
DAS WÖRTERBUCH DER ÜBERNOMMENEN IDEEN
Deutsch von Irene Riesen, Gisbert Haefs & Co.
Nachwort von Julian Barnes

Robert Gernhardt
ES GIBT KEIN RICHTIGES LEBEN IM VALSCHEN
Humoresken aus unseren Kreisen.
Mit Zeichnungen des Verfassers

Johann Peter Hebel
UNVERHOFFTES WIEDERSEHEN
Ausgesuchte Kalendergeschichten.
Nachwörtlein von Gerd Haffmans.
Zeichnungen von F. W. Bernstein

Arthur Schopenhauer
ERISTISCHE DIALEKTIK
oder Die Kunst, Recht zu behalten

Arthur Schopenhauer
ÜBER DIE WEIBER
Sämtliche Stellen,
zusammengesucht und mit einem Nachwort fertiggemacht
von Friederike Hassauer

Arthur Schopenhauer
GEDICHTE VON AN ÜBER SCHOPENHAUER
Herausgegeben von Arthur Hübscher.
Zeichnungen von Wilhelm Busch bis Loriot

Christof Stählin
DER DANDY UND ANDERE
Monologe und Erzählungen.
Handzeichnungen von Dorothee v. Harsdorf

Al Strong
WHISKY WEIBER POKERFACE
Drei wüste wilde Western-Stories.
Zeichnungen von Carsten Hildebrandt

Reinhard Umbach
DAS GROSSE BUCH DER BAUERNREGELN
Mit Zeichnungen von Carsten Hildebrandt

James Abbott McNeill Whistler
DIE FEINE ART SICH FEINDE ZU MACHEN
unter Mitwirkung von Oscar Wilde und G. K. Chesterton.
Deutsch von Fritz Senn. Nachwort von Gerd Haffmans

Eckhard Henscheid
WIE MAX HORKHEIMER EINMAL SOGAR ADORNO HEREINLEGTE
Anekdoten über Fußball,
die Frankfurter Schule, Hegel und Schach.
Zeichnungen von F. W. Bernstein

Eckhard Henscheid & F. W. Bernstein
TV-ZOMBIES
Mit Zeichnungen von F. W. Bernstein

Wolfgang Hildesheimer
DER DRACHENTHRON
Eine Komödie um die Prinzessin Turandot

Hermann Kinder
LIEBE UND TOD
25 schöne Geschichten von A bis Z

Volker Kriegel
KRIEGELs KLEINE HUNDEKUNDE
Ein Stundenbuch

Marivaux
DIE KUTSCHE IM SCHLAMM
Ein Fortsetzungsroman. Deutsch von Gerda Scheffel.
Zeichnungen von Tatjana Hauptmann

Gerhard Mensching
ROTKÄPPCHEN UND DER SCHWAN
Drei erotische Humoresken

Flann O'Brien
TROST UND RAT
Ausgeteilt und übersetzt von Harry Rowohlt

Gerhard Polt & Hanns Christian Müller
WIRTSHAUSGESPRÄCHE
Mit Zeichnungen von Reiner Zimnik

Albrecht Schaeffer
TRAUMDEUTUNG
Drei Prosastücke. Herausgegeben von Bernd Rauschenbach

Arno Schmidt
DEUTSCHES ELEND
13 Erklärungen zur Lage der Nationen.
Herausgegeben von Bernd Rauschenbach